Dinero. Riqueza. Seguro de Vida.

Como los Ricos Usan el Seguro de Vida como un Banco Personal Libre de Impuestos para Sobrecargar sus Ahorros

Jake Thompson

Descargo de Responsabilidad: El material presentado en este libro es para propósitos informativos. Si bien se han tomado medidas para presentar los conceptos de manera precisa y actualizada, el autor no ofrece ninguna garantía explícita o implícita y no asume ninguna responsabilidad por errores u omisiones. No se asume ninguna responsabilidad por daños incidentales o consecuentes en relación con o que surjan debido al uso de la información contenida aquí. La información en este libro tiene la intención de proveer información general y no constituye consejo legal, financiero, o tributario.

DEDICACIÓN

Para Alissa y Adri.

Información de Contacto

Jake Thompson
WealthbyJake.com
Jake@WealthbyJake.com

Si desea encontrar una compilación de todas las referencias de este libro o contactarme, escanee el código QR o siga este enlace:

WealthbyJake.com/mwli1

RECONOCIMIENTOS

Este libro es una compilación de años de aprendizaje de algunas de las mejores personas que conozco. Mentores, socios, y familiares han tenido un gran papel en la realización de este libro.

Tabla de Contenidos

Capítulo 1

La Mayor Prueba de Todas

Viajemos al pasado juntos por un momento. Estamos en la segunda mitad del siglo 18, los Estados Unidos acaban de obtener su independencia del Reino Unido, y el nacimiento de una gran nación está en marcha. Durante este periodo, muchas de las mentes más brillantes de la historia están creando su legado en el territorio que se convertiría en los Estados Unidos de la actualidad.

Entre muchos eventos memorables, surge uno de los primeros instrumentos financieros del mundo occidental. Un instrumento que se originó en la antigua Roma. Y si bien nadie lo sabe en este momento, se convertirá en un sustento, una forma de protección, y una magnífica solución para la mayor prueba de todas...

...la prueba del tiempo.

Este instrumento salvará a miles de personas, familias, y negocios del desastre y la ruina financiera por generaciones. Se convertirá en una luz de esperanza en medio del caos. Y principalmente, será una fuente de estabilidad y control en una industria llena de criminales y personas con malas intenciones dispuestas a hacer cualquier cosa para ganarse unos cuantos dólares extra.

A través de los siguientes siglos, este instrumento estará tan arraigado en la cultura Americana que cambiarlo será prácticamente imposible. Se convertirá en el último lugar realmente protegido de la corrupción de los inversionistas codiciosos, el gobierno incontrolado, y la crisis financiera inesperada.

Me gusta referirme a este instrumento como un banco personal en esteroides, un lugar sin paralelo para acumular dinero, y un refugio financiero para los tiempos difíciles…

…pero se conoce mejor como seguro de vida de valor en efectivo.

En este libro, le voy a mostrar por qué y cuántos individuos bancos, y negocios adinerados en los Estados Unidos han utilizado el seguro de vida como una plataforma para generar riqueza. Le voy a ayudar a entender por qué lo he convertido en la fundación de cada una de las partes de mis finanzas y cómo usted puede hacer lo mismo.

También voy a compartir cómo crear y utilizar un tipo de seguro de vida en especial al que llamo "seguro de vida de alto valor en efectivo" y cómo utilizarlo para su beneficio y el de su familia. Voy a enseñarle algunas cosas que solo una pequeña fracción de asesores financieros y agentes de seguros conocen, y mucho menos entienden. Finalmente, voy a compartir los números básicos con usted, las pruebas. Tres casos para ilustrar exactamente cómo funciona todo esto.

Sin embargo, seamos claros. No me refiero a la "basura" que venden la mayoría de los agentes de seguros. En cambio, me refiero a un vehículo de ahorros altamente eficiente y sobrecargado diseñado para acumular dinero. Un producto tan poderoso que ha sido la causa del éxito de nombres familiares como Walt Disney, JC Penney, McDonald's, y muchos otros. Me refiero a un método diseñado por los adinerados para virtualmente garantizar el éxito financiero y acumular riqueza. Más información sobre esto pronto...

Ahora regresemos a las historia. Por el siguiente siglo y medio, los Estados Unidos florecen. Mientras somos jóvenes y ambiciosos, damos grandes pasos, marcando firmemente las páginas de la historia.

Benjamin Franklin descubre la electricidad.

Thomas Edison inventa el bombillo.

Alexander Bell inventa el teléfono.

En este momento, llegamos a los Felices Años Veinte, la década que prosiguió la Primera Guerra Mundial. Es una época de riqueza y excesos, una época en la que la gente cree en los mercados de valores, la economía, y el gobierno. Pero lo que pasa a continuación perturba el estilo de vida de casi todos los americanos. Una serie de eventos verdaderamente trágicos. Un memento conocido como "La Gran Depresión."

La Gran Depresión

En octubre de 1929, la bolsa de valores sufrió pérdidas severas. Cayó más del 22% en solo unos pocos días, creando titulares a lo largo del país. Desafortunadamente, esto fue solo el comienzo.

En los años siguientes, los mercados de valores tendrían muchas dificultades para recuperarse. El Índice Industrial Dow Jones sufriría un retroceso de 32 años, y perdería casi el 90% de su valor.[1]

Tras alcanzar una cima de 381.17 en Septiembre de 1929, cerraría a un impresionante 41.22 en Julio 8 de 1932.[2]

Tendrían que pasar otros 22 años antes de que sobrepasara su punto más alto en la historia antes del colapso de 1929.

Cerca del 25% de los americanos quedarían desempleados y no podrían encontrar empleo.[3] Más del 40% de los bancos cerrarían.[4] Millones de cuentas de ahorros simplemente desaparecerían. Pero aquí es donde la historia se pone interesante.

Mientras los bancos, negocios, y los sectores gubernamentales cerraban sus puertas, un sector de la economía se mantenía firme y estable, sin ser afectado por las terribles circunstancias. Las compañías de seguros de vida.

Las compañías de seguros de vida permanecieron prácticamente intactas. Mientras los mercados de valores sufrieron pérdidas severas, los dueños de los seguros de vida de valor en efectivo no perdieron ni un centavo. No perdieron dinero en la Gran Depresión, y no han perdido dinero desde entonces.

---

[1] El Índice Industrial Dow Jones Industrial (DJIA o “el Dow”) representa 30 de las más grandes y ampliamente cotizadas en los Estados Unidos. Este incluye compañías como General Electric, Exxon y Microsoft y es uno de los índices más examinados del mundo. Es un indicador del rendimiento de la bolsa de valores.

[2] "Precios Históricos del Índice Industrial Dow Jones." *Yahoo! Finance.* N.p., n.d. Web. 27 Dec. 2013. <http://finance.yahoo.com/q/hp?s=^DJI>.

[3] U.S. Bureau of the Census, Estadísticas Históricas de los Estados Unidos, Época Colonial a 1957 (Washington, D.C., 1960), p.70.

[4] U.S. Bureau of the Census, Estadísticas Históricas de los Estados Unidos, Época Colonial a 1957 (Washington, D.C., 1960), p.70.

De hecho, era un lugar financiero tan estable que mientras muchas personas lo perdieron todo, aquellos que tenían seguros de vida obtuvieron ganancias cada año de la Gran Depresión; una tendencia que continuó cada año después, incluso hasta el presente.

Esta fue realmente una luz de esperanza en medio del miedo y el caos. Fue lo único que triunfó sobre la desolación de aquel tiempo.

El significado de esta pequeña parte de la historia es pertinente incluso en nuestra generación. Algunos creen que algunos de nuestros tiempos más difíciles están por venir. Con asuntos políticos complicados acercándose como la deuda nacional, los gastos gubernamentales, la Seguridad Social, el Medicare, y problemas económicos como la inflación, los impuestos, y deudas entre otros, saber cómo y cuándo mantener su dinero a salvo se está convirtiendo cada vez más importante.

Como usted pronto descubrirá, las compañías de seguros de vida tendrán un importante papel en ayudar a familias y negocios a mantenerse a flote y finalmente vencer estas difíciles circunstancias.

JC Penney

Cuando la bolsa colapsó en 1929, JC Penney, en ese entonces una tienda de productos secos para familias mineras y agricultoras, se vio severamente afectada.

Como su único propietario, la compañía y la riqueza personal de James Cash Penney cayó en picada. Los retrocesos financieros fueron tan desastrosos que incluso llegaron a afectar su salud física y mental.

Afortunadamente. el Sr. Penney había acumulado una gran riqueza dentro de sus pólizas de seguros de vida de valor en efectivo y tuvo la posibilidad de tomar dinero prestado de ellas para ayudar a la compañía a mantenerse a flote y finalmente a recuperarse. El seguro de vida de valor en efectivo le dio la posibilidad de mantener su dinero a salvo y accesible y en última instancia salvó a JC Penney de tener que cerrar sus puertas.

Cuando él murió, el periódico Grand Rapids Press escribió lo siguiente acerca del Sr. Penney: " Durante la Caída Bursátil de 1929, él quedó casi en la ruina, pero con el dinero que tomó de su póliza de seguro de vida, fue capaz de recuperarse."[5]

Hoy en día, JC Penney genera ingresos de $18 billones al año y tiene más de 1,100 sucursales en todo el mundo.

Walt Disney

Walt Disney es un nombre conocido por la gran mayoría de las personas alrededor del mundo; él fue un hombre cuya influencia se observa aún hoy. Desde películas animadas, hasta parques y atracciones temáticas, la mayoría de nosotros ha disfrutado de su legado.

Lo que mucha gente no sabe es que sin sus pólizas de seguro de vida de valor en efectivo, gran parte de lo que él construyó no existiría actualmente.

¿Alguna vez ha visitado Disneyland? Es una de las atracciones más populares del planeta. Mucha gente viaja de todos los rincones del mundo para visitar este mágico reino.

Pero cuando Walt Disney quería tomar sus exitosas películas

---

[5] Alampur, Gopala. *Die Broke and Wealthy: The Insurance Bonanza That Beats the Tax Man While You're Still Alive.* Toronto: Chestnut Pub. Group, 2005. Impreso.

animadas y programas de televisión y convertirlos en un parque de diversiones para niños y padres, no todos creyeron en su visión.

En ese momento, los únicos parques de diversiones del país eran atracciones deterioradas. Se pensaba que eran sucias y no confiables, difícilmente un lugar para familias y niños. Usted las puede considerar un carnaval en el contexto actual.

Creyendo que su idea no tendría éxito, todos los potenciales financiadores del proyecto de Walt rechazaron su solicitud de financiamiento. Si Walt quería abrir su parque de diversiones, tendría que encontrar otra manera de hacerlo.

Afortunadamente, Walt era una persona muy inteligente, conocida por su éxito en los negocios y las finanzas, y había acumulado dinero en sus pólizas de seguro de vida. Como los bancos y acreedores continuaron rechazando sus necesidades financieras, él decidió proveer su propio financiamiento. Como parte de esto, Walt tomó dinero de sus pólizas de seguro de vida de valor en efectivo, y en 1955, Disneyland abrió sus puertas por primera vez. En un año, más de 3.5 millones de personas visitaron el parque. Fue un éxito instantáneo.

"Se necesita mucho dinero para hacer que estos sueños se conviertan en realidad. Desde el principio fue un problema. Obtener el dinero para abrir Disneyland. Se necesitaron aproximadamente $17 millones. Y teníamos todo hipotecado, incluyendo mi seguro personal..." – Walt Disney

McDonald's

Todos conocemos a McDonald's, la cadena de restaurantes de comida rápida más grande del mundo, pero no todo el mundo conoce a Ray Kroc. Ray era uno de los tres socios interesados en abrir una franquicia nacional de restaurantes de hamburguesas. Después de 6 años de operaciones, Ray adquirió las acciones de los hermanos McDonald y se convirtió en el único dueño del McDonald's que conocemos en la actualidad.

Ray dependió en gran medida del seguro de vida de valor en efectivo para almacenar dinero, y esto tuvo un importante papel en el despegue de la compañía.

Por los primeros ocho años, Ray no tuvo salario, y aprovechó sus dos pólizas de seguro de vida de valor en efectivo para superar los constantes problemas de liquidez. Las utilizó para cubrir los salarios de sus empleados clave, para pagar por gastos inesperados, e incluso utilizó parte del dinero para crear una campaña de publicidad alrededor del famoso Ronald McDonald.

Hoy en día, McDonald's presta sus servicios a más de 50 millones de personas a diario, con más de 30,000 sucursales alrededor del mundo. Gran parte del éxito de McDonald's se puede atribuir a la inteligente forma en la que Ray utilizó su seguro de vida de valor en efectivo.

Foster Farms

En 1939, una joven pareja llamada Max y Verda Foster tomó dinero de sus pólizas de seguros de vida para invertir en una finca de 80 acres en California donde pudieran criar pavos y pollos. Actualmente, Foster Farms tiene más de 10,000 empleados y vende productos alrededor del mundo.

Universidad de Stanford

Después de que Leland y Jane Stanford perdieron a su hijo debido a la fiebre tifoidea, ellos concentraron sus esfuerzos y riqueza en ayudar a otras personas.

En 1891, los primeros 555 estudiantes se inscribieron en la

Universidad de Stanford. Pero después de que Leland murió en 1893, vinieron los problemas financieros. Al no querer renunciar a algo en lo que creía con tanto fervor, Jane utilizó los fondos de la póliza de seguro de vida de su esposo para ayudar a financiar las operaciones y pagar a la facultad, lo que le permitió a la Universidad de Stanford sobrevivir un peligroso periodo de dificultades financieras de seis años.

Pampered Chef

Después de tener éxito con la estrategia de mercadeo de Tupperware, Doris Christopher creía que las mujeres necesitaban instrumentos que ayudaran a cocinar de una forma más fácil y rápida. Al utilizar su póliza de seguro de vida de valor en efectivo, Doris financió su primer inventario de lo que es ahora una compañía de un billón de dólares con más de 12 millones de clientes, Pampered Chef.

Millones Más

Aunque solo hemos cubierto unas pocas historias, existen casos tras casos de gente que se beneficia del seguro de vida de valor en efectivo a diario. Pero los individuos no son los únicos que aprovechan sus beneficios. Los bancos y las corporaciones también son notorios por invertir billones de dólares en el seguro de vida de valor en efectivo.

Capítulo 2

Bancos, Corporaciones, y Billones de Dólares

Si bien muchas personas ricas maximizan el uso del seguro de vida de valor en efectivo, hay un grupo en específico muestra real entendimiento de su valor. Este es el mismo sector que controla casi todos los aspectos de la economía. Los bancos.

La mayoría de nosotros no podemos imaginar la importancia del papel que el seguro de vida de valor en efectivo juega en las instituciones financieras, las corporaciones, y los bancos. Estas organizaciones gastan billones de dólares en seguros de vida y los utilizan para muchos propósitos diferentes. Esto no solo aumenta su estabilidad financiera y reduce los impuestos, también es una forma ideal de financiar las pensiones de los empleados, los costos de salud, y otros beneficios. Es tan común en los bancos y las corporaciones que incluso tiene su propio nombre. Seguro de Vida Propiedad de los Bancos (BOLI por sus siglas en inglés) y Seguro de Vida Propiedad de las Corporaciones (COLI por sus siglas en inglés).

La FDIC pone a disposición los balances contables de casi todos los bancos importantes. Los siguientes datos vienen directamente de FDIC.gov[6] y representan la cantidad de dinero exacta que cada banco mantiene en el seguro de vida en el momento de la publicación de este libro.

Banco	Activos en Seguro de Vida
Bank of America	$19,607,000,000
Wells Fargo Bank	$17,739,000,000
JPMorgan Chase Bank	$10,327,000,000
U.S. Bank	$ 5,451,892,000

Los bancos son parte del negocio del dinero. Ellos emplean a muchas de las mentes más brillantes del mundo, incluyendo economistas, abogados, contadores, analistas financieros, y otros asesores que les ayudan a aumentar la eficacia y el uso de su capital.

Los bancos invierten billones de dólares en seguros de vida por una razón. Es una reflexión del valor que le dan a este poderoso activo. Para los bancos, el seguro de vida provee los mejores beneficios en términos de seguridad, estabilidad, y crecimiento. Principalmente, la FDIC permite que este activo se clasifique como capital de Nivel 1, el cual es el capital más seguro que puede tener un banco.[7] El capital de Nivel 1 se considera la medida central de la fortaleza financiera de los bancos.

---

[6] "FDIC: Directorio de la Institución." *FDIC: Institution Directory*. N.p., n.d. Web. 31 Dec. 2013.

[7] "RMS Manual de Examinación de Políticas." *Federal Deposit Insurance Corporation*, n.d. Web. 2 Jan. 2014. <http://www.fdic.gov/regulations/safety/manual/section3-7.pdf>.

Podemos aprender mucho de los bancos, pero ellos no son los únicos que usan este poderoso activo para su beneficio. Las corporaciones también están profundamente involucradas en la compra de seguros de vida en cantidades masivas.

El libro *Los Piratas de Manhattan* indica que más del 68% de las compañías Fortune 1000 utilizan el seguro de vida para financiar planes suplementarios de jubilación de ejecutivos (SERPs por sus siglas en inglés).[8] Si bien las empresas y corporaciones lo utilizan para muchos propósitos diferentes, es interesante apuntar que uno de ellos es el financiamiento de los planes de jubilación de los empleados. La habilidad de proveer el crecimiento estable necesario para crear ingresos predecibles es una de sus características más poderosas. Como pronto descubrirá, usted también puede usar el seguro de vida de valor en efectivo para crear ingresos predecibles en el futuro.

La siguiente es una lista de compañías conocidas que mantienen el seguro de vida como un activo:[9]

---

[8] Dyke, Barry James. "CORPORATE-OWNED LIFE INSURANCE." *The Pirates of Manhattan: Systematically Plundering the American Consumer & How to Protect against It.* Portsmouth, NH: 555, 2007. 174-176. Print.

[9] Dyke, Barry James. "CORPORATE-OWNED LIFE INSURANCE." *The Pirates of Manhattan: Systematically Plundering the American Consumer & How to Protect against It.* Portsmouth, NH: 555, 2007. 174-176. Print.

Compañías que Poseen Seguro de Vida

- General Electric
- Walt Disney
- Proctor & Gamble
- Crown Holdings
- AT&T
- Amway
- Nestle
- Panera Bread
- Prudential Insurance
- NetLife
- General Motors
- Harley Davidson
- H.J. Heinz
- International Paper
- Johnson & Johnson
- Lockheed Martin
- Lucent Technologies
- McGraw-Hill
- Norfolk Southern
- Outback SteakHouse
- Pfizer
- Pacific Gas & Electric
- Gannett Publishing
- Dow Chemical
- Lillian Vernon,
- Bed, Bath and Beyond
- Cendant
- CSX
- Monsanto
- BellSouth
- Office Depot
- Nike
- Starbucks
- United Healthcare
- Ryder Systems
- Anheuser-Busch
- Newell Rubbermaid
- KB Home
- Avon
- CVS
- Comcast
- United Technologies
- Verizon
- Wisconsin Energy

Mentiras en Wall Street

Si bien los bancos y las corporaciones aprovechan los beneficios del seguro de vida de valor en efectivo, el resto de los Estados Unidos sigue siendo víctima de una peligrosa mentira. Estamos siendo envenenados con la idea de que invertir de forma volátil y arriesgada en la bolsa de valores es la mejor manera de prepararse para la jubilación. Hemos sido engañados para que creamos que para lograr nuestras metas, debemos invertir nuestro dinero bien ganado en la teorías complejas, erróneas, e infundadas de Wall Street; que debemos poner nuestra fe en las grandes firmas de Wall Street para adivinar correctamente como se van a desempeñar las acciones.

En los años 1900, se estima que más del 50% de ahorros estaban en el seguro de vida de valor en efectivo. Era la forma más común de garantizar seguridad, protección, y futuros ingresos predecibles por muchos años. Sin embargo, en las últimas décadas, la gente ha caído presa de una posición contraria. Al transferir dinero de la seguridad y garantías del seguro de vida de valor en efectivo al riesgo de la bolsa de valores, las firmas de Wall Street se podían beneficiar considerablemente. Y así lo hicieron. De hecho, desde el surgimiento del 401k y de otros programas gubernamentales, la bolsa de valores se ha casi cuadruplicado en activos totales. Esa fue una gran victoria para las firmas y los asesores de Wall Street, pero una pérdida significativa para los Americanos.

Las empresas inversionistas tuvieron un importante papel en el origen de los planes gubernamentales de jubilación. Ellos se posicionaron como los administradores de los fondos que finalmente llegaron a esos planes. Lo peor es que esas compañías no participan en los mismos métodos que nos venden a nosotros todos los días.

No voy a entrar en detalle en cuanto a cómo las empresas inversionistas han tomado el control de los fondos de jubilación, pero es suficiente decir que ha ocurrido una masiva transición, lamentablemente, de la seguridad y las garantías, a inversiones arriesgadas e impredecibles. Miles de Americanos están empezando a ver los resultados de estos modelos fallidos, y las consecuencias son desastrosas.

Para clarificar, no sugiero que las acciones no sean buenas inversiones. Existe abundante evidencia que sugiere que pueden ser, pero inversionistas adinerados como Warren Buffett y Charlie Munger no invierten en acciones como la mayoría de los americanos y sus asesores financieros. Los inversionistas adinerados como Warren Buffett y Charlie Munger son mucho más cautelosos con su riqueza. Déjeme explicar…

Capítulo 3

Cómo Obtuve Ganancias del 300 Por Ciento

Mi familia y yo somos solo uno de los muchos ejemplos de americanos que han disfrutado de grandes beneficios financieros gracias al seguro de vida de valor en efectivo.

Por casi 11 años, yo participé en la bolsa de valores y en los fondos mutuos como el inversionista promedio. En pocas palabras, después de más de una década, tenía menos dinero del que había depositado. Igual que para muchos de ustedes, esa estrategia simplemente no funcionó para mí.

Desde ese momento, he seguido una filosofía diferente. Nunca perder dinero. Casi todas las personas ricas que he conocido o de las que he escuchado fueron impulsadas por mantener su dinero seguro, reducir los riesgos, y tomar decisiones inteligentes. Siempre es calculado, y nunca está fuera de su control.

De hecho, uno de los mejores inversionistas de nuestro tiempo, Warren Buffett, se suscribe a una mentalidad similar. Cuando se trata de invertir, él ha dicho, "La regla número uno es nunca perder dinero. La regla número dos es nunca olvidar la regla número uno."

Si usted ve el programa de televisión "Shark Tank" por 5 minutos, entenderá la forma en la que los ricos ven el riesgo. Estos billonarios inversionistas dejan pasar oportunidad tras oportunidad mientras esperan por el negocio perfecto. Yo llamó el riesgo que ellos toman "riesgo inteligente," y explicaré porqué más adelante.

En 2008, los mercados de valores sufrieron otra severa caída. Es común que la bolsa tenga retrocesos, pero este fue desastroso. Algunas personas han dicho que fue el peor desde la Gran Depresión.

Mientras todo el mundo entraba en pánico, yo no perdí ni un centavo. Yo tenía mi dinero almacenado dentro de mis pólizas de seguro de vida de valor en efectivo. Mi dinero estaba creciendo de manera segura, sin ser afectada por los cambios en los mercados de valores.

Mientras un creciente número de personas sufrieron pérdidas, más oportunidades surgieron para aquellos que teníamos acceso a dinero.

Después de esperar con paciencia, encontré la oportunidad perfecta para invertir en dos propiedades inmobiliarias. Así como muchas de las personas en las historias que he compartido, tomé dinero de mis pólizas de valor en efectivo y pagué por las propiedades por completo. Las compré por el mismo precio por el que se vendieron en 1984, casi 25 años antes.

Ahora, avancemos 3 años. El valor de esas propiedades se ha triplicado, y yo he recuperado la totalidad de mi inversión solamente con el ingreso de renta. Una muy buena recompensa por ser paciente, y tomar riesgos calculados e inteligentes.

Me adherí a mi regla: nunca perder dinero. Si bien eso no siempre se puede garantizar, el peor de los casos que me podía imaginar era llegar a un punto de equilibrio para cubrir los gastos de mi inversión. Existía un gran potencial y al parecer pocas desventajas. Era un riesgo que valía la pena tomar.

Me considero muy afortunado de haber aprendido acerca del seguro de vida de valor en efectivo y de haberlo convertido en una parte tan importante de mi vida. He tenido la bendición de evitar muchas de las dificultades y desastres que han plagado a la gran mayoría de arduos trabajadores Americanos. La avaricia ha moldeado la comunidad de inversiones, manipulando el sistema en contra de los inversionistas individuales (usted y yo). Lo he presenciado directamente. Aunque han pintado una linda pintura, la industria financiera se está destruyendo rápidamente, y las personas que experimentan la montaña rusa de la bolsa de valores están buscando una mejor manera de administrar sus finanzas. Le pido que considere seriamente lo que le voy a enseñar, y que piense cómo puede adaptar estos principios a sus finanzas.

Capítulo 4

Cómo Ganar con los Impuestos

La forma en la que mucha gente planea sus impuestos me mantiene asombrado. La mayoría de los americanos no manejan sus impuestos como lo hacen los ricos. Mientras la mayoría de los estadounidenses depositan dinero en planes calificados para "ahorrar impuestos," los ricos no están dispuestos a dejar que Uncle Sam decida el mejor momento y la mejor tarifa para pagar impuestos.

Esto es lo que me gusta llamar "la dificultad del 401k."

La realidad es que los planes de jubilación como el 401k, IRA, y otros planes gubernamentales están diseñados para posponer los impuestos de ingresos que usted debe pagar.

Si usted pertenece a una categoría tributaria más alta hoy que cuando retire su dinero, usted ahorra dinero en impuestos (usted gana). Si, por el contrario, usted pertenece a una categoría tributaria más baja hoy que cuando retire su dinero, pagará más impuestos (usted pierde). Entonces, la dificultad se convierte en saber si debe o no posponer los impuestos. En realidad, no es una gran dificultad porque la evidencia es inmensa. La mayoría de las personas claramente pertenecen a una categoría tributaria más alta al retirarse que durante sus años laborales. Están perdiendo del juego de los impuestos.

En los años 70 tardíos y los 80 tempranos, cuando los planes de jubilación como el 401k comenzaron, las categorías tributarias eran extremadamente altas y diseñadas para bajar en los años de jubilación. Aunque este concepto funcionaba en ese entonces, simplemente no funciona en la actualidad.

Yo tomé tiempo para entrevistar a 5 Contadores Públicos Certificados para descubrir lo que ellos observan a diario con respecto a las personas retiradas y las categorías tributarias. Quedé aturdido con la confianza de sus respuestas.

Estos son algunos de sus comentarios:

"Los he visto retirarse con muy pocas deducciones, y si han estado almacenando su dinero en 401ks o solo en planes de impuestos diferidos, los veo retirarse con muy pocas deducciones y con ingresos 100% sujetos a impuestos." - Kevin CPA

"Lo veo todo el tiempo con personas que han construido su riqueza y han hecho todo correctamente con su dinero a lo largo de su vida. Cuando llega el momento de retirarse, están ganando más dinero que cuando estaban trabajando." - Cameron CPA

"Creo que la mayoría de gente espera una categoría tributaria más baja y esto no ocurre en la forma en la que esperan." - Rick CPA

Escuche las entrevistas completas escaneando este código QR o en este enlace:

WealthbyJake.com/mwli1

La mayoría de los americanos almacenan dinero en planes de jubilación que posponen impuestos; esta es una mala idea. En general, la gente se está retirando con más ingresos y menos deducciones. Esta combinación debilita sus fondos de jubilación. Esta es la razón.

Durante sus años laborales, hay muchos elementos que pueden mantenerlo en una categoría tributaria baja. La deducción por el interés de hipoteca, la deducción por interés de préstamos estudiantiles, exenciones por hijos, e ingresos más bajos en las etapas tempranas de su carrera.

Solamente la inflación puede subir su categoría tributaria, pero esto es especialmente real cuando se retiran las deducciones y exenciones, lo que elimina todos los factores que contrarrestan ingresos altos. Esto es exactamente lo que nuestros CPAs han observado en muchos americanos. Entre más exitoso usted sea, más pierde.

Por último, aunque no menos importante, es claro que el gobierno necesita, y busca, más ingresos. La combinación de altos gastos, una deuda nacional alta, y algunas de las categorías tributarias más bajas de la historia pueden ser posibles indicadores de impuestos en aumento. En este momento, algunos de esos incrementos ya han ocurrido.

Si bien dudo al generalizar con respecto a este tema, sabiendo que cada situación es única, considere los beneficios de retirarse sin impuestos. Existe paz al no tener que preocuparse por la categoría tributaria del futuro. Lo más probable es que usted no solamente ahorrará en impuestos, sino que también dormirá mejor.

La verdad es que, más y más gente está experimentando el momento proverbial del bombillo sobre la cabeza. Se dan cuenta de que los impuestos no se van a reducir, y que deben reorganizar su plan de impuestos.

Esta es la razón por la que la jubilación sin impuestos es un respiro de aire fresco.

Capítulo 5

Lo Que los Ricos Saben Acerca del Riesgo

La discusión del riesgo es común en la industria financiera. Se acepta extensamente que el riesgo es una parte natural de la creación de riqueza. Si bien estoy de acuerdo en que el tipo de riesgo apropiado puede, a veces, ser extremadamente lucrativo, yo no creo que sea un requisito, y ciertamente no creo que se deba tomar a la ligera.

Existen dos tipos de riesgo. El primero tiene el potencial de crear una riqueza considerable. Este es el tipo que Walt Disney tomó cuando abrió Disneyland, el tipo que Ray Kroc tomó cuando abrió McDonald's, y el tipo que miles de hombres y mujeres han tomado a lo largo de la historia para lograr sus sueños. Lo llamó "riesgo inteligente."

El riesgo inteligente es simple. Es calculado. Usted entiende por qué lo toma, y ve las ganancias potenciales del riesgo bien tomado. No siempre sale como se quiere, pero eso está bien, usted sabe lo que le puede esperar cuando lo toma.

El otro tipo de riesgo es una excusa para tomar decisiones financieras erróneas. Es una justificación para un mal modelo de inversión. Es el tipo de riesgo que Wall Street nos dice que es necesario. Yo lo llamo "riesgo tonto." El riesgo tonto no es calculado, usted no sabe por qué lo toma, aparte de porque le han dicho que "no hay recompensa sin riesgo."

Ahora dígame, ¿es riego inteligente o riesgo tonto invertir dinero sin saber a donde va, por qué termina alli, o lo que obtendrá de él? La mayoría de los Americanos toman riesgos tontos, montándose en la montaña rusa de Wall Street sin necesidad.

Por el contrario, tomar un riesgo inteligente es una habilidad avanzada. No todo el mundo desea o necesita tomar riesgos. Si no es un riesgo inteligente, no lo tome. A la mayoría de la gente le iría bien ahorrando y aumentando su dinero fielmente en un ambiente conservador y sin impuestos como el seguro de vida. El riesgo no es necesario. Esta es la razón por la que muchas corporaciones usan esta estrategia para pagar las pensiones de los empleados. Es segura, y ellos saben que pueden contar con ella. El riesgo no es necesario.

Déjeme darle un buen ejemplo de riesgo inteligente versus riesgo tonto. Warren Buffett gana millones de dólares comprando acciones. Millones de Americanos invierten en la bolsa de valores a diario. Si bien ambos compran acciones, sus situaciones son extremadamente diferentes. Para el Sr. Buffett, comprar acciones es comprar una compañía. Él conoce la compañía, calcula el riesgo, observa el potencial y aprieta el gatillo solamente si el valor que él observa es mayor que su inversión. La gran mayoría de americanos lanzan dinero a la bolsa de valores sin pensarlo, esperando que pase algo bueno con ese dinero. Uno es riesgo inteligente, el otro es riesgo tonto.

Capítulo 6

Ahorros Sobrecargados con Seguro de Vida de Valor en Efectivo

Hace unos años, se me acercó un hombre mayor de aproximadamente 60 años llamado Jim. Jim quería mi ayuda y experiencia para transferir activos a una póliza de seguro de vida de alto valor en efectivo.

Cuando le pregunté por qué deseaba comprar más seguros de vida, él me contó una interesante historia. Veinticuatro años antes, su hermano Scott, un agente de seguros recientemente licenciado, le propuso a Jim que comprara una póliza de seguro para él y su familia. Como usted se puede imaginar, él se sintió obligado a comprar esa póliza. El miedo a decirle que no a su hermano era más fuerte que los pocos cientos de dólares al mes que le costaría la póliza. Probablemente algunos de ustedes han pasado por esta situación.

Con el pasar de los años, su estrategia de inversión consistió en seguir el consejo de los "expertos" y de sus contemporáneos... "Invertir en acciones, fondos mutuos, y su 401k." El mismo consejo que muchos Americanos reciben a diario.

Ahora, avancemos 24 años. Jim tiene activos en 401ks, IRAs, y en su póliza de seguro de vida. Sin embargo, la parte interesante es que Jim se tardó 24 años en darse cuenta de que su póliza de seguro de vida era su mejor inversión. Había ganado un poco más del 6%; nunca perdió dinero, y había superado las inversiones en sus 401ks y IRAs. Ahora, él quería transferir el resto de su dinero a una póliza de seguro de vida de alto valor en efectivo.

Irónicamente, la póliza que le había comprado a regañadientes a su hermano terminó siendo la decisión financiera más inteligente de su vida.

Esta no es una historia poco común. La he escuchado más de una vez. Si mi cliente hubiera tenido una póliza de seguro de vida de alto valor en efectivo, en lugar de una más tradicional, él habría visto los beneficios que lo entusiasmaron mucho antes.

Crecimiento

Un caso de la Compañía Mass Mutual Life Insurance demostró el rendimiento de 3 pólizas de 1980 a 2013. La tasa interna de devoluciones de cada una de esas pólizas era de 5.65%, 6.02%, y 6.22%.[10]

Descargue el caso de Mass Mutual. Escanee el código QR o siga el enlace:

WealthbyJake.com/mwli2

[10] Estudios de Dividendos Históricos de la Compañía Massachusetts Mutual Life Insurance. N.p.: Massachusetts Mutual Life Insurance, n.d. 2008. Web. 23 Dec. 2013. < https://fieldnet.massmutual.com/public/life/pdfs/li7954.pdf>.

Y si bien ese no es un rendimiento excesivo, es mejor de lo que la mayoría de la gente ha ganado en la última década o dos en la bolsa de valores, sin el estrés emocional que trae el terrible recorrido en esa montaña rusa.

De acuerdo con Crestmont Research, el S&P 500 ganó una rentabilidad (antes de los costos de administración e impuestos) de 0% en los últimos 5 años y de 2% en los últimos 10 años. Se debe retroceder 20 años para encontrar un máximo de 7% en devoluciones anuales.[11]

Descargue el estudio de investigación de Crestmont. Escanee el código QR o siga el enlace:

WealthbyJake.com/mwli3

Los fondos mutuos comprobaron ser aún peores. De acuerdo con Standard & Poor's, más del 99% de fondos mutuos obtienen malos resultados en el S&P 500 consistentemente. Lo más probable es que si usted ha invertido en la bolsa de valores y/o en fondos mutuos, la rentabilidad del S&P 500 sería su escenario más optimista.

En comparación, a los seguros de vida de valor en efectivo les ha ido muy bien, y solamente hemos rozado la superficie. El seguro de vida de valor en efectivo es uno de los instrumentos

---

[11] 2012 INVESTIGACIÓN DE CRESTMONT DEL MATRIX DE LA BOLSA DE VALORES. N.p.: n.p., n.d. Crestmont Research. Www.CrestmontResearch.com, 2013. Web. 23 Dec. 2013. <http://www.crestmontresearch.com/docs/Stock-Matrix-Tax-Exempt-Nominal4-11x17.pdf>.

financieros más favorables en cuanto a los impuestos. El dinero dentro del seguro de vida de valor en efectivo, cuando se maneja correctamente, crece libre de impuestos, se puede utilizar libre de impuestos, y se transmite libre de impuestos.

Entonces, consideremos 2 factores adicionales: impuestos y costos.

El caso demostró una rentabilidad de pólizas de seguro de vida de 6%. Si usted pertenece a una categoría tributaria del 30 por ciento, esto equivale a devoluciones del 8.6% con impuestos.

Ahora, vamos a asumir un costo de administración conservador del 1%, la rentabilidad equivalente en la bolsa tendría que ser de más del 9.6% para compararse con las devoluciones del seguro de vida. Puedo decir con seguridad (con los estudios para respaldarlo) que no es exactamente razonable esperar devoluciones del 10% cada año en la bolsa. Cualquier persona que haya tenido dinero en los mercados de valores por más de algunos años lo sabe.

También podríamos calcular el costo adicional del seguro a término que usted tendría que comprar para hacer una comparación más precisa con lo que ofrece la póliza de valor en efectivo. Si bien nos estamos enfocando en ella como un lugar para almacenar dinero, es importante recordar que el beneficio de muerte que ofrece también es extremadamente favorable. Tendríamos que aumentar nuestra "rentabilidad equivalente" aún más para tener en cuenta ese beneficio.

En resumen, el crecimiento dentro de una póliza de seguro de vida de valor en efectivo no es llamativo, pero es conservador, consistente, y extremadamente competitivo. Cualquier persona que se oponga está muy mal informada.

"Pero Puedo Obtener una Mejor Rentabilidad"

Usted puede pensar que el enfoque de esta sección es tratar de convencerlo de que no puede obtener una mejor rentabilidad, pero no lo es.

Creo firmemente que los resultados de las formas de inversión convencionales, especialmente las acciones y los fondos mutuos, se quedan cortos comparados con lo que ofrece una póliza sólida de valor en efectivo, con un riesgo mucho menor. Pero verdaderamente, no importa.

Uno de los mayores beneficios del seguro de vida de valor en efectivo es el acceso garantizado a su dinero cuando usted lo desee. Si usted cree que puede obtener mejores resultados de otra manera, y está dispuesto a tomar ese riesgo, la póliza de seguro hará que su inversión sea más lucrativa. Más información sobre esto más adelante.

Este es el caso. Tengo dinero en un seguro de vida, pero he aprovechado mis pólizas para acceder a mayores oportunidades de crecimiento. Mis inversiones en propiedades inmobiliarias me han pagado ganancias de dos dígitos consistentemente por siete años, y mis pólizas no me han impedido realizar esas inversiones. Por el contrario, el acceso a esos dólares de mis pólizas han hecho que mis inversiones sean más rentables.

Mírelo desde este punto: Su póliza está creando un parámetro para ayudarle a decidir si vale la pena tomar riesgos. Si su póliza genera una ganancia del 5%, ese es su parámetro. Si usted puede obtener más del 5%, el dinero está disponible para que usted lo use y aumente sus ganancias en otro lugar, siempre y cuando usted esté dispuesto a tomar el riesgo.

En algunos casos, debido a que el dinero dentro de una póliza de seguro de vida de valor en efectivo está a salvo, usted puede utilizar fuentes de capital externas, como un banco, con su seguro de vida como garantía, para tomar capital prestado. Frecuentemente, esto puede resultar más económico que el costo del capital de la compañía de seguros, lo cual ofrece un valor adicional al tomar un préstamo a un costo de capital más bajo que el crecimiento de la póliza.

Crecimiento Libre de Impuestos

No se usted, pero yo me preocupo por los impuestos. La mayoría de la gente paga más en impuestos de ingresos que casi en cualquier otra cosa, y, como hemos visto, esto puede afectar severamente sus finanzas. Yo se que si no me preparo correctamente, tendré que sufrir las consecuencias.

Creo que uno de los beneficios más atractivos del seguro de vida de valor en efectivo es la forma en la que se le cobran impuestos. Esto por sí solo atrae a aquellos que desean protegerse de la incertidumbre de los impuestos.

Hablemos de algunos de esos beneficios tributarios.

El primero, y probablemente uno de los más importantes, es el crecimiento libre de impuestos.

En realidad es muy simple. El crecimiento dentro de una póliza de seguro se llama dividendo y, por definición, se considera un "retorno de la prima." Como se considera una devolución de lo que usted ya ha pagado, es libre de impuestos.

Habiendo dicho esto, hay una salvedad: A medida de que la póliza crece, usted sin duda acumula más de lo que contribuye si la ha diseñado con alto valor en efectivo. Si usted decide retirar su dinero de la póliza de seguro en cualquier momento, el crecimiento (todo el valor por encima de la base del costo de la póliza) puede estar sujeto a impuestos.

Por ejemplo, si he contribuido $100,000 a la póliza, y mi valor en efectivo es de $300,000, los retiros de hasta $100,000 se consideran como base del costo y no estarían sujetos a impuestos. Sin embargo, los retiros más allá de esa base de costo resultan en impuestos. Utilizar esta póliza correctamente significa que se pueden evitar los eventos sujetos a impuestos al usar una combinación de retiros y préstamos. Hablaré más acerca de esto más adelante.

Siempre y cuando se mantenga intacta, la póliza continúa creciendo libre de impuestos indefinidamente. Como pronto descubrirá, no existe prácticamente ninguna razón para cancelar esta póliza, manteniendo esos dólares libres de impuestos por el resto de su vida.

El atractivo del crecimiento libre de impuestos de su dinero es una de las principales razones por las que las grandes organizaciones y las personas sabias introducen millones de dólares en estas pólizas año tras año. Es difícil encontrar ese tipo de beneficios en otros lugares.

Beneficio de Muerte Libre de Impuestos

Cuando usted ha acumulado una gran cantidad de riqueza como Walt Disney, JC Penney, y Ray Kroc entre otros, solo hay una cosa que se presenta como obstáculo para transferir ese arduo trabajo a su familia. El gobierno

Ya sea que usted tenga un patrimonio grande o pequeño, transferir dinero puede ser complicado. Algunos de los patrimonios más grandes son despojados hasta que quedan casi en nada después de los impuestos y la legalización.

Un ejemplo es el del propio Rey del Rock and Roll, Elvis

Presley. En el momento de su muerte en 1977, el patrimonio de Presley tenía un valor de $10 millones. El 73 por ciento del valor del patrimonio se gastó en honorarios legales, costos de administración de patrimonio, e impuestos de patrimonio, lo que le dejó solo aproximadamente $3 millones a su hija.

Además del crecimiento libre de impuestos, el seguro de vida de valor en efectivo ofrece un beneficio de muerte libre de impuestos que omite la legalización por completo.

Esto significa que el beneficio de muerte de su seguro de vida se transfiere sin impuesto de ingresos a aquellos a los que usted se lo deje, y no habrá multas ni costos necesarios para que eso ocurra.

Le puedo garantizar una cosa, no hay un mejor activo con el cual morir que el seguro de vida. Es el instrumento de planeación de patrimonio más comúnmente utilizado en el país porque ayuda a garantizar que su familia obtenga una mayor parte del dinero producto de su arduo trabajo, y el gobierno obtiene menos.

Seguridad Social

Esta es la guinda sobre el pastel en la discusión de los impuestos.

Como contribuyentes, todos pagamos un impuesto de seguridad social. Su propósito es proveer ingresos en el futuro cuando nos retiremos, pero hay un problema…

La mayoría de la gente no planea que la seguridad social sea su principal fuente de ingresos, así que si usted ha sido diligente al ahorrar y desear tomar un ingreso de retiro en el futuro del dinero que ahorró o invirtió, su seguridad social puede estar a riesgo de cobro de impuestos.

Sin embargo, como fue originalmente un impuesto pagado para poderlo recibir, parece un poco injusto pagar un impuesto por la seguridad social. En otras palabras, ser penalizado por haber ahorrado bien.

La ventaja del seguro de vida de valor en efectivo es que sigue siendo uno de los últimos lugares de los que se puede retirar dinero sin que cuente para el impuesto de seguridad social. Incluso otras fuentes de ingresos libres de impuestos, como los bonos libres de impuestos, cuentan como ingresos en la ecuación del impuesto de seguridad social.

El seguro de vida de valor en efectivo ofrece los mejores beneficios tributarios en general.

Garantías

Las pólizas de seguro de vida de valor en efectivo también tienen garantías sólidas.

Mientras los dividendos, o ganancias de una compañía, son técnicamente no garantizadas, una parte del crecimiento dentro de su póliza lo es.

En caso de que la compañía de seguros no pueda pagar un dividendo, usted tiene la garantía de que el valor en efectivo dentro de su póliza va a aumentar. Esto significa que usted siempre seguirá progresando.

Si bien lo dicho antes es cierto, también es importante saber que las compañías de seguros que yo recomiendo personalmente han pagado ganancias por más de 100 años consecutivos, lo que hace bastante improbable que no continúen haciéndolo en el futuro.

Acceder al Dinero Dentro de su Póliza

Si bien ya lo hemos mencionado en varias secciones, quiero entrar en más detalle acerca de las mejores formas de utilizar el dinero de su póliza de seguro de vida de valor en efectivo.

Primero que todo, al crear valor en efectivo en su póliza, usted puede acceder a esos fondos en cualquier momento y por cualquier razón. Hay dos formas de hacer esto.

Retiros

Una opción para acceder al dinero de su póliza es retirarlo. Es posible, pero normalmente no lo recomiendo. La segunda opción, los préstamos, puede proveer más ventajas y mejores beneficios.

Préstamos

La diferencia fundamental entre un préstamo y un retiro es que el retiro viene de su dinero, mientras que el préstamo viene de la compañía de seguros.

Por contrato, la compañía de seguros le garantiza la habilidad de tomar dinero prestado hasta la cantidad que usted tiene en valor en efectivo. Como usted es el asegurado, estos préstamos vienen con tarifas competitivas.[12] ¿Por qué? Porque usted ha avalado el préstamo con su valor en efectivo, y no hay riesgo para la compañía de seguros.

Este bajo riesgo y uso del dinero de poco mantenimiento es una buena forma para que la compañía de seguros incremente su capital de manera segura, así que se lo ofrecen a tarifas favorables.

Por ejemplo, una compañía con la que tengo pólizas pagó un dividendo de 7.1% el año pasado, y la tarifa de sus préstamos era del 5%. Tomar dinero prestado de la compañía de seguros en ese

---

[12] No todas las compañías de seguros tienen las mismas disposiciones de préstamos y puede que no ofrezcan los mismos beneficios.

escenario me pagó la diferencia.

Más allá de las diferencias simples en las tarifas de los préstamos y los dividendos, existen otras ventajas de los préstamos sobre los retiros.

Cuando usted decide optar por un préstamo, no hay consecuencias tributarias si usted no toma más dinero del equivalente a la base del costo (lo que ha contribuido). Por el contrario, retirar dinero más allá de la base del costo puede incurrir en impuestos. Además de ser favorable con los impuestos, un préstamo mantiene la póliza creciendo y funcionando a su favor; mantiene el beneficio de muerte alto, y hace que usted sea responsable por el dinero que utilice.

Al tomar dinero prestado de la compañía de seguros, usted garantiza que su capital nunca deje de crecer. Lo obliga a mantener ese capital constantemente funcionando a su favor.

El Lugar Más Seguro del Mundo

Al principio de este libro, hablamos acerca de la época de la Gran Depresión. Una época verdaderamente difícil.

Pero en medio del caos y la confusión, las compañías de seguros se mantuvieron firmes. Si bien nunca existe una garantía de que algo no vaya a ocurrir, con base en su historial, es posible deducir que el seguro de vida de valor en efectivo es la mejor opción para la seguridad de su capital. Esa es exactamente la razón por la que los bancos dependen tanto de él.

Estas pólizas son máquinas extremadamente bien lubricadas, y sería muy difícil destruirlas. Hemos visto que brindan crecimiento constante por más de un siglo mientras experimentaron doce recesiones y una Gran Depresión.

Compañías de Acciones vs. Compañías Mutuas

Existen dos clases diferentes de compañías de seguros de vida: de acciones y mutuas.

Las compañías de acciones pagan ganancias a los accionistas primero, y después potencialmente a los asegurados.

Las compañías mutuas, por el contrario, no tienen accionistas y solamente pagan ganancias a sus asegurados. Las ganancias son a lo que nos referimos como dividendos.

Me gusta comparar esta dinámica con el acto de realizar un depósito en el banco, y el depósito me da un crédito como accionista para recibir las ganancias de la compañía. Un escenario bastante improbable en un banco pero un buen ejemplo de cómo opera una compañía mutua.

Con base en toda esta información, una compañía de acciones no se destaca como la mejor opción para maximizar el uso del seguro de vida de valor en efectivo. Las compañías mutuas proveen los mayores beneficios y son claramente una mejor opción.

No Mínimos ni Máximos

No existe una contribución gubernamental mínima ni máxima para una póliza de seguro de vida de valor en efectivo. Tenemos la libertad de contribuir tanto o tan poco como queramos.[13] La única limitación tiene que ver con la cantidad de seguro que la compañía de seguros está dispuesta a ofrecer. Más información acerca de esto más adelante.

---

[13] Si el acumulado de los pagos de primas exceden ciertas normas bajo el Código de Impuestos Internos, la póliza de seguro de vida se puede convertir en un Contrato Modificado de Dotación (MEC). Esto puede alterar el estatus tributario de la póliza. Un profesional experto en estos productos puede garantizar que la póliza no se convierta en un MEC.

Flexibilidad Extrema

Al hablar de seguros de vida de valor en efectivo, la mayoría de las personas están bajo la impresión de que las primas se deben pagar cada mes o cada año por el resto de sus vidas. Este es difícilmente el caso con el seguro de vida de valor en efectivo.

Uno de los beneficios del seguro de vida de valor en efectivo es la cantidad de dinero que se deposita por anticipado dentro de la póliza. Debido a que llenamos estas pólizas con altos niveles de dinero en los primeros años, creamos una gran cantidad de flexibilidad para adaptarse a diferentes circunstancias.

Las futuras primas se pueden reducir o incluso eliminar completamente en cualquier año si es necesario.

Esto le da a la persona asegurada la habilidad de crear un plan hoy y ajustarlo, si es necesario, en el futuro.

Tenga en cuenta que esta no es una póliza común y corriente, es especialmente diseñada para estos beneficios. He diseñado 3 casos específicos que demuestran parte de la flexibilidad que hemos discutido. Los examinaremos más adelante.

Beneficio de Muerte

Si bien he mencionado los beneficios tributarios alrededor del beneficio de muerte, deseo examinar este tema en más detalle.

Primero, es importante anotar que el riesgo de su muerte está ahora en las manos de la compañía de seguros, además del hecho de que usted tiene seguro. Esto es crítico para el cuidado financiero suyo y de sus seres queridos.

Segundo, si su dinero crece de forma segura, mientras le provee seguro de vida simultáneamente, usted está ahorrando el costo adicional de asegurar a su familia, y está acelerando la riqueza que acumula su familia al momento de su muerte.

El beneficio de muerte es un gran beneficio secundario de estas pólizas de valor en efectivo y pueden ser el comienzo de la riqueza futura de su familia. Usted le transferirá una considerable cantidad de dinero a sus seres queridos casi por accidente.

Otro factor a tener en cuenta es la creciente cantidad del beneficio de muerte. A medida de que el valor en efectivo se construye dentro de su póliza, ocurre un crecimiento natural del beneficio de muerte. Entre más valor en efectivo usted deposite en la póliza, más crece el beneficio de muerte. Por lo tanto, entre más usted envejece, más dinero le transferirá a su familia naturalmente. Muy bueno, ¿verdad?

El "Alto" en Seguro de Vida de Alto Valor en Efectivo

Quiero asegurarme de incluir una sección para distinguir la razón por la que lo llamo seguro de vida de "alto" valor en efectivo porque es diferente de las pólizas tradicionales.

¿Alguna vez ha oído nombrar a Joe Ayoob? Él tiene el récord mundial del vuelo de un avión de papel: 226 pies y 10 pulgadas. Un poco más de 3 cuartos de un campo de fútbol Americano. Eso es increíble...

Si bien usted podría darme el mismo pedazo de papel que Joe Ayoob usa para volar sus aviones de papel con un récord mundial, en realidad no hay ninguna posibilidad de que yo sea capaz de doblarlo para que tenga un alto rendimiento. El mio apenas puede cruzar la mesa, mucho menos un campo de fútbol Americano. El mismo concepto se puede aplicar aquí. El rendimiento de una póliza de seguro de vida de valor en efectivo se basa en la forma en la que se estructura (o se dobla).

Por ejemplo, una típica póliza de seguro de vida de valor en efectivo tiene un gran valor de $0 de valor en efectivo en el primer año o incluso en los primeros años. Puede tomar décadas para rendir, la cual es la principal razón por la que a algunas personas no les agrada. Si bien con el tiempo recupera esos primeros años y rinde bien, no es la más eficiente.

Una póliza de seguro de vida de alto valor en efectivo es mucho más eficiente porque se enfoca en reducir el costo del seguro dentro de la póliza y en poner más de sus dólares en el valor en efectivo. Como resultado, vemos retornos positivos en los primeros años, lo que significa que hay más valor en efectivo que contribuciones, y un mejor rendimiento cada año de ahí en adelante. Este diseño es cómo doblar el avión de papel. Puede ser el mismo producto que la compañía de seguros ofrece, pero sin el diseño de alto valor en efectivo, no produce los mismos beneficios.

Propiedad

Quiero añadir un pequeño dato aquí. Como el enfoque principal en muchos casos no es el beneficio de muerte, el asegurado (la persona que asegura su vida) no es la máxima prioridad. Usted puede mantener control completo como propietario de la póliza mientras asegura la vida de otra persona. El asegurado es simplemente la vida en la que se basa la póliza, pero esa persona no tiene ningún poder en las decisiones de la póliza.

Así que si la salud, la edad, u otros factores no le permiten obtener el seguro que necesita, usted puede simplemente poseer el seguro de la vida de otra persona.

Cancelar una Póliza

Las pólizas de seguro de vida se pueden cancelar en cualquier momento. Su valor en efectivo también se llama "valor de entrega." Usted puede marcharse con su valor de entrega cuando así lo desee. Sin embargo, si usted decide cancelar su póliza, debe pagar los impuestos del crecimiento de esa póliza (cualquier cantidad por encima de lo que ha contribuido).

Esta es la principal razón para mantener su póliza intacta hasta la muerte. Con un poco de planeación, usted puede tener la garantía de que su familia siempre se quedará con más dinero del que usted obtendría si retirara el dinero gracias al beneficio de muerte.

Con el manejo correcto, usted puede ejercer opciones dentro de una póliza de seguro para eliminar las primas futuras, o pagos de bolsillo, y simplemente dejar que su valor en efectivo crezca. Esto se conoce como póliza de "desembolso reducido."

Usted aún puede acceder al valor en efectivo mientras la póliza esté activa. Esto mantiene a su dinero creciendo dentro de la póliza, y conserva todas las poderosas ventajas sin tener que hacer contribuciones adicionales.

Capítulo 7

Una Estrategia de Ahorros Más Eficiente

El seguro de vida de valor en efectivo resuelve muchos problemas que ya hemos discutido. Sin embargo, en este capítulo quiero discutir algunas otras áreas en las que puede ahorrar, y ganar, dinero adicional.

A lo largo de su vida, usted probablemente ahorrará cientos de miles de dólares para comprar toda clase de artículos necesarios e innecesarios. Carros, casas, gastos, educación, bodas, por nombrar algunos.

Está claro que tomar dinero prestado de tarjetas de crédito y préstamos con altas tasas de interés es una forma muy cara de pagar por esos artículos, así que no voy a entrar en detalle en ese tema. Voy a asumir que usted ahorra y paga en efectivo.

Además de compras grandes, usted con suerte mantiene ahorros de emergencia líquidos, seguros, y accesibles.

Sin embargo, en lo que la mayoría de gente no ha pensado es en los miles de dólares que han sido perdidos (o no ganados) por ahorrar para esos artículos en la forma convencional.

Cuando usted paga en efectivo por algo, usted debe ahorrar primero. ¿Y dónde ahorra este dinero? En algún lugar de donde pueda retirarlo cuando lo necesite. Para la mayoría de la gente, esta es una cuenta de ahorros o corriente.

Existen dos problemas con esta práctica. El primero tiene que ver con cómo se ahorra y el segundo, con cómo se gasta.

Cuando usted aparta dinero para estas compras grandes y para emergencias, usted pone miles de dólares en cuentas con intereses muy bajos y sujetas a impuestos. Si usted gana el 1% dentro de una cuenta de ahorros pero podría estar ganando el 5% en una póliza de seguro de vida, usted pierde un 4% de interés cada año. Esto se llama costo de oportunidad, y significa miles de dólares perdidos en toda su vida.

Además de las bajas tasas de interés y del crecimiento, usted también debe pagar impuestos de lo poco que ha ganado. Esto reduce la eficacia de los ahorros aún más.

Sin embargo, esto no solo se aplica a compras grandes. Usted puede acumular dinero para ahorros de emergencia. Usted puede ser un inversionista o empresario con una gran cantidad de dinero en efectivo, esperando para utilizarlo.

Cuando usted tiene en cuenta el seguro de vida de valor en efectivo en la ecuación, sus ahorros ganan más, y su carga tributaria se reduce. Es una manera mucho más eficiente de ahorrar.

Ahora el segundo problema. Cuando usted paga por un carro en efectivo, normalmente no planea poner ese dinero de nuevo en sus ahorros en ninguna fecha prevista. Usted simplemente planea su siguiente compra y ahorra lo que sea necesario para hacerla. Esto recalca el real valor que usted pone en su dinero, el cual es muy pequeño.

Déjeme explicar…

Cuando usted toma dinero prestado de un banco, ¿usted espera que le cobren interés? Por supuesto. Cuando usted le presta dinero a alguien, ¿usted espera que le paguen interés? Por supuesto. Pero aun así, cuando usted utiliza su propio dinero, usted no le da esa importancia. ¿Por qué?

Esa es la razón por la cual recomiendo tomar préstamos de la póliza de seguro. Esto garantiza que usted sea responsable por el dinero que utiliza. También garantiza que usted nunca liquide su cuenta para realizar una compra sin la intención de mantener su dinero creciendo. Requiere que usted nunca interrumpa el crecimiento continuo de sus dólares. En general, lo hace más responsable, más eficiente, y más rentable.

Mejorar sus Inversiones

Como he mencionado anteriormente, utilizar su póliza para invertir hace esas inversiones más rentables. Ahora voy a explicar por qué.

Examinemos un ejemplo. Supongamos que tengo una inversión en la que puedo ganar devoluciones del 10%, e invierto $100,000.

Al final del año, habré ganado $10,000. A una tasa por ganancias de capital del 15%, debo un total de $1,500 en impuestos.

Ganancias totales: $8,500

Ahora, vamos a asumir que tengo mi dinero guardado en mis pólizas de seguro de vida de valor en efectivo, y que tomo el dinero prestado de la compañía de seguros al 5%. Así es cómo funciona:

Rentabilidad de la Inversión	$10,000
Retornos de la Póliza* (Libre de Impuestos)	$5,000
Interés de la Póliza (Deducciones de Impuestos)	($5,000)
Impuestos	($750)
Ganancias Totales	**$9,250**

*Asume el 5%

Esencialmente, lo que hemos hecho es convertir una ganancia efectiva del 8.5% en un 9.25%. ¿Cómo? Aprovechando una deducción de interés que redujo las ganancias sujetas a impuestos a $5,000.

Sin embargo, esta es una muy simple versión de la historia. Lo que no he mencionado es que el dinero en mi póliza de seguro me da el beneficio de muerte y continúa creciendo de forma competitiva después de que se liquida la inversión. Sin la póliza, mi dinero probablemente volvería a ser extremadamente ineficiente, en un ambiente con bajo interés y sujeto a impuestos.

Todo esto prueba que el seguro de vida lo convierte en un inversionista más inteligente. Hace que sus inversiones sean más rentables y le da un referente para vencer. Si puede hacerlo de una forma mejor que con el crecimiento de una póliza, hágalo. Si no puede, no lo haga. Es así de simple.

Mejorar su Negocio

Al igual que las inversiones, el seguro de vida de valor en efectivo puede agregar beneficios adicionales a lo que usted ya está haciendo en su negocio. ¿Por qué? Mantiene su dinero funcionando de manera más eficaz y ayuda a reducir los ingresos de negocios sujetos a impuestos.

Al utilizar este tipo de póliza, los empresarios pueden hacer un mejor uso de su capital, reducir su responsabilidad tributaria y la de su negocio, cubrir a los empleados clave en una forma más eficaz, y una cantidad de otros factores dependiendo del negocio.

Caso 1

Contribuciones Consistentes

En este caso, voy a ilustrar la estructura exacta de una póliza de seguro de vida de alto valor en efectivo. Voy a demostrar lo siguiente:

- Contribución anual de $20,000 por año
- Valor en efectivo total al final de cada año
- Total del beneficio de muerte al final de cada año
- Futuros ingresos de la póliza

Tenga en cuenta que estos son ejemplos, pero una proporción similar de contribuciones al valor en efectivo se aplican sin importar que tanto o que tan poco se contribuye, y es similar independientemente de su edad o género. $20,000 no es un número mágico, un límite, o un mínimo de ningún tipo. Como se mencionó anteriormente, no hay mínimos ni máximos.

Hombre de 40 años, en buena salud, no fuma				
Año	Edad al Final del Año	Desembolso Anual	Valor Neto en Efectivo al Final del Año	Beneficio de Muerte Neto al Final del Año
1	41	20,000	18,365	951,544
2	42	20,000	38,520	970,298
3	43	20,000	59,491	1,003,148
4	44	20,000	80,899	1,034,194
5	45	20,000	102,752	1,063,707
6	46	20,000	123,990	1,088,280
7	47	20,000	146,486	1,114,154
8	48	20,000	170,333	1,141,433
9	49	20,000	195,619	1,169,739
10	50	20,000	222,409	1,199,103
11	51	20,000	250,770	1,229,586
12	52	20,000	280,730	1,261,207
13	53	20,000	312,411	1,294,234
14	54	20,000	345,877	1,328,719
15	55	20,000	381,258	1,364,941
16	56	20,000	419,434	1,404,916
17	57	20,000	460,514	1,448,531
18	58	20,000	504,725	1,495,915
19	59	20,000	552,203	1,546,595
20	60	20,000	603,109	1,600,625
21	61	20,000	657,336	1,656,604
22	62	20,000	714,570	1,714,916
23	63	20,000	774,917	1,775,824
24	64	20,000	838,493	1,839,481
25	65	20,000	905,461	1,905,902
26	66	20,000	975,910	1,974,974
27	67	20,000	1,050,087	2,046,781
28	68	20,000	1,128,142	2,121,084
29	69	20,000	1,210,266	2,198,013

Lo que usted pronto notará al examinar el primer año en esta ilustración es que está atrasado. Usted ha contribuido $20,000 pero solamente tiene $18,365. Si bien es mejor el $0 típico en el primer año de la mayoría de las pólizas de seguro de vida, de todas maneras está atrasado. Pero este es un pequeño precio que pagar, y tiene un efecto mínimo en el crecimiento de la póliza. Esta es la razón…

Como esta no es una cuenta de ahorros, nos atenemos a otro conjunto de normas. La compañía de seguros toma un gran riesgo. En este caso, le permite utilizar la mayoría de su dinero y toma el riesgo de casi un millón de dólares en el evento de su muerte (Beneficio de muerte en el año 1: $951,544). Para lograr esto, la compañía retiene más dinero inicialmente, y cada año que usted mantiene la póliza, un poco más de ese dinero regresa. En solo unos pocos años, usted está de vuelta en la columna positiva. Esto garantiza que la compañía de seguros esté protegida, y que usted obtenga los máximos beneficios.

Ahora, examinemos el año 29 en esta ilustración. El valor en efectivo es $1,210,266 en este punto y crece a una tasa interna de retorno del 5% (lo que significa que cada año su dinero creció un 5%). Así que aunque usted estaba un poco atrasado en los primeros años, tuvo un efecto muy insignificante o casi nulo en el crecimiento futuro. Y aún mejor; usted ahora tiene $2,198,013 en el beneficio de muerte, $987,747 adicionales para sus seres queridos si usted muere en ese año. Usted ha creado un gran legado con éxito que afectará a su familia considerablemente.

Así que está es la pregunta. ¿Está dispuesto a renunciar al uso (énfasis en "uso") de algunos de esos dólares adicionales (con un mínimo efecto a largo plazo en el crecimiento) a cambio de la habilidad de transferir casi un millón de dólares a sus seres queridos? ¿Está dispuesto a renunciar al uso de algunos dólares a cambio del crecimiento libre de impuestos, el acceso a su dinero, garantías, seguridad, y una cantidad de otros beneficios que ya hemos discutido?

Para la mayoría de nosotros es una pregunta muy fácil de responder.

Futuros Ingresos

Ya que hemos examinado los años de ahorros, miremos la segunda parte de los números.

Tenga en cuenta que en este punto, usted ha ahorrado un total de $580,00

Hombre de 40 años, en buena salud, no fuma				
Año	Edad al Final del Año	Desembolso Anual	Valor Neto en Efectivo al Final del Año	Beneficio de Muerte Neto al Final del Año
30	70	0	1,275,767	2,068,296
31	71	0	1,344,626	2,129,291
32	72	0	1,416,924	2,192,600
33	73	0	1,492,833	2,259,028
34	74	0	1,572.548	2,328,528
35	75	0	1,656,142	2,400,971
36	76	-120,000	1,617,371	2,296,945
37	77	-120,000	1,576,017	2,193,757
38	78	-120,000	1,532,041	2,091,467
39	79	-120,000	1,485,415	2,011,645
40	80	-120,000	1,435,951	1,934,522
41	81	-120,000	1,383,567	1,855,245
42	82	-120,000	1,328,055	1,773,840
43	83	-120,000	1,269,113	1,701,539
44	84	-120,000	1,206,436	1,627,740
45	85	-120,000	1,139,687	1,549,581
46	86	-120,000	1,068,697	1,467,175
47	87	-120,000	993,127	1,380,400
48	88	-120,000	912,160	1,288,456
49	89	-120,000	825,251	1,190,840
50	90	-120,000	731,811	1,086,958
51	91	-120,000	631,323	976,181
52	92	-120,000	523,532	857,210
53	93	-120,000	408,036	729,208
54	94	-120,000	284,612	591,219
55	95	0	279,204	568,137
56	96	0	272,505	538,856
57	97	0	266,912	501,482
58	98	0	265,520	453,306
59	99	0	274,114	389,863

Esta es la segunda parte del ejemplo anterior. A la edad de 70 años, hemos decidido dejar de contribuir dinero a la póliza, y a los 76 años, hemos decidido retirar los ingresos de la póliza.

En este caso, retiramos exitosamente $120,000 por año por 19 años. Un total de $2,280,000 en ingresos. Bastante bueno.

Ahora hay que tener en cuenta que estos ingresos son libres de impuestos cuando se manejan correctamente y no se tienen que retirar en incrementos sistemáticos. Usted puede retirarlo cuando así lo desee. Se recomienda que consulte con un profesional para asegurarse de hacerlo correctamente.

Resumen

Caso 1: Contribuciones Consistentes	
Contribuciones Totales	$580,000
Ingresos Totales	$2,280,000

Solo el Comienzo

He preparado 2 casos más para demostrar una forma diferente de financiar una póliza de seguro de vida de valor en efectivo, pero antes de examinarlos, quiero destacar algunos detalles importantes.

Estas ilustraciones representan exactamente cómo crecería su dinero dentro de una póliza de seguro de vida de alto valor en efectivo bien diseñada. Pero en realidad, esto es solo el comienzo.

Lo que los números no muestran son las muchas razones por

las que este tipo de estrategia es muy valiosa, y extensamente utilizada por las personas y familias más ricas de los Estados Unidos. Esta es una breve lista de lo que los números no pueden mostrar:

1. El crecimiento adicional que se logra al no utilizar una cuenta de ahorros para ahorrar dinero para compras importantes (p. ej., carros, botes, cuotas iniciales, bodas, educación).
2. Los impuestos que ahorró al mantener su crecimiento libre de impuestos.
3. Las pérdidas que evitó al mantenerlo en un lugar seguro.
4. El interés que ahorraría al tener acceso a su dinero y no tener que tomarlo prestado de compañías de tarjetas de crédito, bancos, u otras instituciones prestadoras a altas tasas.

5. El interés adicional que usted podría ganar al usar sus dólares para inversiones u oportunidades de negocios.

Todos estos factores han sido discutidos en los capítulos anteriores, así que los puede usar como referencia cuando lo necesite.

Es importante resaltar que existe un conjunto de números completamente diferente que se relacionan con la simple proyección de crecimiento. Los ahorros en interés, impuestos, y costo de oportunidades suman miles y miles de dólares tradicionales que contribuyen a su futura riqueza.

Los Conceptos "Bancarios"

Ya hemos discutido los préstamos (Ver "Acceder al Dinero Dentro de su Póliza"), pero este caso ayuda a ilustrar un punto muy importante. Existen filosofías financieras dedicadas completamente a esta idea, algunas personas la llaman Actividades Bancarias Infinitas, Actividades Bancarias Privatizadas, Convertirse en su Propio Banquero, etc. La mayoría de esta filosofía viene del libro de Nelson Nash *Convertirse en su Propio Banquero.* La voy a simplificar.

Se refiere a la idea de que usted debe tratar su capital de la misma manera si lo usa usted o si deja que otra persona lo use. Volvamos a mirar al año 29. Hay $1,210,266 de valor en efectivo. Esa es una importante cantidad de dinero. Como la compañía de seguros está haciendo su parte para incrementar el dinero, en realidad existe solo una razón para un posible fracaso… usted. Si usted retira dinero y no lo devuelve, será el único responsable por no alcanzar su potencial financiero. No permita que usted sea esa razón.

Además del hecho de que los préstamos son favorables, mantienen el beneficio de muerte alto y con bajos impuestos; los préstamos garantizan que su dinero nunca deje de crecer. Es casi una garantía que cada dólar dentro de su póliza alcance su potencial porque crece sin interrupción. Lo posicionan en un nivel de responsabilidad más alto, lo cual lo mantiene en el camino de creación de riqueza.

Tasa de Rendimiento

Una última nota. Ya hemos discutido cómo se compara este crecimiento con el de otras inversiones, pero yo recomiendo que usted no se concentre demasiado en el rendimiento. Esta es una plataforma para mejorar todas sus decisiones financieras. Comparar el rendimiento directamente a los de otras inversiones sería un malentendido de lo que estoy intentando ilustrar. No sugiero que lo use como un reemplazo para otras buenas oportunidades de inversión pero como un lugar mejor para almacenar su dinero y tener acceso a él para esas oportunidades de inversión. Usted puede disfrutar de las ventajas de ambos formatos en este caso.

La meta para muchas personas es encontrar una mejor oportunidad para incrementar su dinero y obtener mejores retornos. Esto es bueno y admirable. Utilizar un seguro de vida de valor en efectivo no le impide hacerlo. En cambio, hace que esas oportunidades sean aún más rentables (Ver "Pero Puedo Obtener una Mejor Rentabilidad").

Caso 2

Suma Global y Ahorros Continuos

Este es el segundo caso y varía un poco del primero.

Cuando el seguro de vida se vende, muchas personas creen que deben contribuir sumas globales a sus pólizas pero que deben pagar la misma prima de por vida. Como ya hemos discutido algunos de estos factores en los capítulos anteriores, el propósito de este caso es demostrar que tan eficiente es depositar grandes cantidades de dinero rápidamente en una póliza de seguro de vida. Voy a ilustrar lo siguiente:

- Suma global inicial de $150,000 dividida entre dos pagos de $75,000 cada uno.
- Contribución anual de $20,000 después del segundo año.
- Valor en efectivo total al final de cada año.
- Beneficio de muerte total al final de cada año.
- Ingresos futuros de la póliza.

Lo mismo se puede aplicar aquí. Estos números son ejemplos, no la norma. Se pueden alterar considerablemente dependiendo de las circunstancias.

Hombre de 40 años, en buena salud, no fuma				
Año	Edad al Final del Año	Desembolso Anual	Valor Neto en Efectivo al Final del Año	Beneficio de Muerte Neto al Final del Año
1	41	75,000	71,834	1,892,256
2	42	75,000	148,889	2,098,007
3	43	20,000	176,003	2,126,567
4	44	20,000	203,577	2,152,987
5	45	20,000	231,600	2,177,595
6	46	20,000	258,671	2,195,894
7	47	20,000	287,258	2,216,106
8	48	20,000	318,271	1,800,770
9	49	20,000	351,200	1,827,249
10	50	20,000	386,137	1,855,599
11	51	20,000	423,251	1,886,104
12	52	20,000	462,565	1,918,746
13	53	20,000	504,252	1,953,887
14	54	20,000	548,398	1,991,574
15	55	20,000	595,186	2,032,186
16	56	20,000	645,457	2,077,604
17	57	20,000	699,334	2,127,636
18	58	20,000	757,100	2,182,462
19	59	20,000	818,923	2,241,396
20	60	20,000	884,999	2,304,520
21	61	20,000	955,470	2,370,604
22	62	20,000	1,029,915	2,440,155
23	63	20,000	1,108,482	2,513,542
24	64	20,000	1,191,305	2,590,911
25	65	20,000	1,278,608	2,672,259
26	66	20,000	1,370,494	2,757,395
27	67	20,000	1,467,320	2,846,449
28	68	20,000	1,569,269	2,939,046
29	69	20,000	1,676,592	3,035,348

Al dividir la suma global en dos contribuciones, se maximiza su eficacia. Si bien estamos aún un poco atrasados en el primer año, vemos un crecimiento positivo en el tercer año. Al igual que cualquier otra inversión, como depositamos más dinero por adelantado, el dinero empieza a funcionar más pronto, y toma menos tiempo en convertirse altamente eficiente.

Si bien vemos un rendimiento similar en el Caso 1 y el Caso 2, alrededor del 5%, hay más capital activo, y se vuelve más eficiente más rápido, con más valor en efectivo y un mayor beneficio de muerte.

Póliza Retroactiva

En muchos casos, las pólizas de seguro de vida de valor en efectivo pueden ser "retroactivas" para aumentar su habilidad de ganar dinero rápido. Por ejemplo, en el caso anterior, se dividen $150,000 en 2 contribuciones. Si empezamos la póliza el primero de enero, la siguiente prima de contribución ocurrirá el primero de enero del año siguiente.

En algunos casos, usted desearía obtener ese dinero más pronto que en un año. Hacer la póliza retroactiva es una forma de acelerar ese proceso. En lugar de iniciar la póliza el primero de enero, muchas veces las compañías de seguros permiten que la fecha de inicio sea hasta seis meses antes. En este caso, la fecha de inicio de la póliza es el primero de julio del año anterior. Al hacer esto, la fecha de aniversario de la póliza sería técnicamente seis meses después o el primero de julio siguiente.

Esto posiciona la suma global dentro de la póliza en un lapso de seis meses en lugar de un año.

Hombre de 40 años, en buena salud, no fuma				
Año	Edad al Final del Año	Desembolso Anual	Valor Neto en Efectivo al Final del Año	Beneficio de Muerte Neto al Final del Año
30	70	0	1,767,335	2,865,237
31	71	0	1,862,731	2,949,739
32	72	0	1,962,891	3.037,449
33	73	0	2,068,053	3,129,478
34	74	0	2,178,488	3,225,765
35	75	0	2,294,296	3,326,127
36	76	-160,000	2,247,161	3,191,356
37	77	-160,000	2,196,789	3,057,848
38	78	-160,000	2,143,128	2,925,691
39	79	-160,000	2,086,127	2,815,120
40	80	-160,000	2,025,576	2,716,252
41	81	-160,000	1,961,330	2,624,241
42	82	-160,000	1,892,954	2,540,316
43	83	-160,000	1,820,096	2,451,531
44	84	-160,000	1,742,367	2,357,437
45	85	-160,000	1,659,306	2,257,583
46	86	-160,000	1,570,761	2,152,249
47	87	-160,000	1,476,276	2,041,292
48	88	-160,000	1,374,608	1,923,480
49	89	-160,000	1,264,992	1,798,112
50	90	-160,000	1,146,614	1,664,367
51	91	-160,000	1,018,758	1,521,366
52	92	-160,000	881,112	1,367,282
53	93	-160,000	733,147	1,200,956
54	94	-160,000	574,601	1,021,059
55	95	0	573,466	994,065
56	96	0	570,811	958,428
57	97	0	570,249	911,532
58	98	0	576,400	849,564
59	99	0	597,872	766,229

La segunda parte de este caso muestra la diferencia en los ingresos de jubilación cuando se contribuye más dinero por adelantado. En este escenario, vemos un aumento de $120,000 por año de ingresos a $160,000. En pocas palabras, entre más dinero se contribuya, y entre más rápido se haga, mejor será el crecimiento a largo plazo.

Resumen

Caso 2: Suma Global y Ahorros Continuos	
Contribuciones Totales	$690,000
Ingresos Totales	$3,040,000

Caso 3

Solamente Una Suma Global

Este último caso ilustra la habilidad de dejar caer el dinero inmediatamente, sin tener que preocuparse por los ahorros continuos. Si bien hemos hablado de la flexibilidad y el hecho de que usted no tiene que pagar primas de por vida, este caso ejemplifica esa realidad.

Esto es lo que voy a demostrar:

- Suma global inicial de Initial $150,000 dividida en dos pagos de $75,000 cada uno.
- Sin contribución anual.
- Valor en efectivo total al final de cada año.
- Beneficio de muerte total al final de cada año.

Hombre de 40 años, en buena salud, no fuma				
Año	**Edad al Final del Año**	**Desembolso Anual**	**Valor Neto en Efectivo al Final del Año**	**Beneficio de Muerte Neto al Final del Año**
1	41	75,000	72,052	1,867,850
2	42	75,000	149,182	2,085,198
3	43	0	155,462	2,046,667
4	44	0	161,089	2,006,787
5	45	0	165,993	1,965,740
6	46	0	168,902	1,919,539
7	47	0	171,816	1,874,995
8	48	0	175,837	1,235,411
9	49	0	180,151	1,197,544
10	50	0	184,766	1,161,400
11	51	0	195,274	540,506
12	52	0	206,375	553,137
13	53	0	218,101	566,216
14	54	0	230,477	579,773
15	55	0	243,550	593,909
16	56	0	257,364	608,727
17	57	0	271,955	624,195
18	58	0	287,370	640,378
19	59	0	303,653	657,130
20	60	0	320,835	674,477
21	61	0	338,953	692,475
22	62	0	358,058	711,264
23	63	0	378,182	730,942
24	64	0	399,362	751,556
25	65	0	421,665	773,116
26	66	0	445,098	795,572
27	67	0	469,751	818,952
28	68	0	495,681	843,181
29	69	0	522,932	868,283
30	70	0	551,567	894,211

31	71	0	581,652	921,079
32	72	0	613,207	948,899
33	73	0	646,309	978,026
34	74	0	681,027	1,008,420
35	75	0	717,397	1,040,038
36	76	0	755,475	1,072,904
37	77	0	795,119	1,106,777
38	78	0	836,336	1,141,724
39	79	0	879,075	1,177,832
40	80	0	923,311	1,215,202
41	81	0	969,114	1,253,915
42	82	0	1,016,494	1,294,139
43	83	0	1,065,446	1,335,731
44	84	0	1,115,982	1,378,692
45	85	0	1,168,088	1,423,023
46	86	0	1,222,180	1,469,391
47	87	0	1,278,290	1,517,961
48	88	0	1,335,734	1,567,984
49	89	0	1,394,393	1,619,373
50	90	0	1,454,178	1,672,045
51	91	0	1,515,041	1,725,893
52	92	0	1,577,192	1,780,508
53	93	0	1,640,726	1,835,737
54	94	0	1,705,907	1,891,417
55	95	0	1,773,148	1,947,359
56	96	0	1,843,235	2,003,299
57	97	0	1,918,325	2,058,885
58	98	0	2,000,935	2,113,210
59	99	0	2,095,554	2,164,672
60	100	0	2,210,600	2,210,600

En esta ilustración, hemos contribuido exitosamente una suma global de $150,000 a la póliza sin contribuir un dólar más. Como puede ver, la póliza no requiere más contribuciones y mantiene su crecimiento.

Esta es una muy buena forma de demostrar la flexibilidad de

estas pólizas cuando se estructuran correctamente.

CAPÍTULO 11

¿QUÉ SIGUE?

En este libro, hemos cubierto de principio a fin las razones por las que los ricos utilizan el seguro de vida como un vehículo para ahorrar sin impuestos, pero aún no hemos observado el aspecto práctico de los pasos a seguir si desea empezar a utilizar esta estrategia para usted y su familia. Nada me decepcionaría más que usted leyera este libro y después ejecutara estas estrategias incorrectamente porque no sabía a quién acudir o qué preguntas hacer.

Primero, vamos a establecer algunas expectativas. Usted tiene que trabajar con un agente de seguros para establecer una póliza de alto valor en efectivo. No hay ninguna otra opción. Para encontrar el agente adecuado, concéntrese en combinar dos factores: confianza y capacidad.

	Capaz	No Capaz
Confiable	x	
No Confiable		

Usted debe buscar a alguien en quien pueda confiar y que también tenga las habilidades y el conocimiento sobre cómo diseñar una póliza de seguro de vida para altas cantidades de valor en efectivo. La confianza es más difícil de medir porque no es tangible, pero usted lo sabe al seguir su intuición. Usted debe sentir que está trabajando con alguien que quiere lo mejor para usted, no para él mismo, porque existe una relación real entre la comisión de un agente de seguros y el valor que le brinda al cliente (desafortunadamente).

En cuanto a la capacidad, compare su conocimiento con el contenido de este libro, y utilice los casos ejemplo como su guía (con alguna flexibilidad porque un agente capaz le podrá ayudar a descubrir cómo ajustar los números con base en las circunstancias).

Un agente capaz también le recomendará una compañía de seguro mutuo altamente calificada con una buena reputación de fortaleza financiera y estabilidad. Se puede encontrar la calificación de una compañía de seguros fácilmente a través de una búsqueda en Google del nombre de la compañía seguido por "calificación de crédito." Busque la calificación más alta posible, mínimo una A.

Hay 4 compañías de seguro mutuo que son conocidas como "las mayores compañías mutuas." Estas son MassMutual, Guardian, New York Life, y Northwestern Mutual, y todas son buenas opciones para considerar. Tenga en cuenta que muchos agentes que trabajan para esas compañías no saben cómo diseñar una póliza de alto valor en efectivo, así que busque un agente capaz antes que una compañía en específico. Si el agente le dio este libro, ese es un buen indicador de que saben lo que hacen. Yo también ofrezco una manera de obtener una segunda opinión a continuación si usted está en el proceso y simplemente desea asegurarse de que está diseñado correctamente para un alto valor en efectivo.

CAPÍTULO 12

MIS PALABRAS FINALES

Desafortunadamente, la realidad es que muchos de los ciudadanos del país más rico del mundo tienen problemas financieros. Gastamos demasiado, utilizamos excesivas cantidades de crédito, y tenemos dificultad para tomar decisiones de inversión. Hemos seguido la desafortunada noción de que los mercados de valores son la mejor forma de ahorrar para el futuro, que mantener dinero en planes gubernamentales es una buena idea, y que los asesores de Wall Street nunca lo decepcionarán.

Espero que este libro lo haya efectivamente devuelto a sus raíces. Espero que le haya ayudado a ver que usted no necesita tomar riesgos para crear una fundación financiera firme y estable, y que existen mejores opciones además de las que usted siempre puede haber conocido.

El seguro de vida de valor en efectivo es un instrumento financiero poderoso que puede ponerlo en el camino hacia la riqueza real. Ha sido utilizado por estadounidenses adinerados, bancos importantes, y grandes corporaciones por siglos y se ha mantenido firme a través de algunas de las etapas financieras más difíciles de la historia.

Es una de los instrumentos financieros menos entendidos que tenemos y el menos utilizado por los Americanos promedio.

Si bien no todo el mundo está en la situación adecuada para aprovechar los beneficios de una póliza de seguro de vida de valor en efectivo, yo verdaderamente creo que es la mejor herramienta para construir una firme fundación financiera. Sus beneficios no tienen comparación, y le brinda un completo y total control de su futuro financiero.

Yo personalmente he encontrado una sincera satisfacción en implementar estas estrategias en la práctica en mi propia vida.

Gracias por tomar el tiempo para leer este libro. Espero que esta información sea tan favorable para usted como lo ha sido para mí.

Si desea discutir más acerca de la forma en que podemos ayudarle, no dude en contactar a la persona que le dio este libro o inscríbase para obtener un análisis financiero gratuito aquí:

Obtenga una segunda opinión o programe un análisis financiero. Escanee el código QR o siga el enlace:

WealthbyJake.com/mwli4

Para Profesionales Financieros

¿Usted es agente de seguros o asesor financiero y desea comprar libros al por mayor, contratarme para un evento, o aprender a ofrecerle estas estrategias a sus clientes? Puede encontrar más información sobre cómo trabajar conmigo al escanear el código QR o al seguir el enlace:

WealthbyJake.com/agent

ACERCA DEL AUTOR

El trabajo de Jake Thompson ha ayudado a miles de personas, familias, y empresarios a utilizar el seguro de vida de valor en efectivo para construir riqueza y alcanzar la paz mental financiera. Él también es apasionado por el aprendizaje y el crecimiento personal y es el fundador de Heroes Academy, una entidad líder en K-12 reinventando la educación tradicional.

Información de Contacto

Jake Thompson
WealthbyJake.com
Jake@WealthbyJake.com

Para obtener una compilación de todas las referencias de este libro o para contactarme, escanee el código QR o siga el enlace:

WealthbyJake.com/mwli1

Made in the USA
Las Vegas, NV
24 September 2024